特别会说话的孩子都这样说话

孟丽 著

苏州新闻出版集团

古吴轩出版社

图书在版编目（CIP）数据

特别会说话的孩子都这样说话 / 孟丽著. -- 苏州 ：
古吴轩出版社，2025. 1. -- ISBN 978-7-5546-2506-4

Ⅰ. H019；G78

中国国家版本馆CIP数据核字第20246Q53C5号

责任编辑：顾　熙
见习编辑：张　君
策　　划：吴　静
插　　画：白　杨
封面设计：丫丫书装

书　　名：**特别会说话的孩子都这样说话**
著　　者：孟　丽
出版发行：**苏州新闻出版集团**
　　　　　古吴轩出版社
　　　　　地址：苏州市八达街118号苏州新闻大厦30F
　　　　　电话：0512-65233679　　　邮编：215123
出 版 人：王乐飞
印　　刷：天宇万达印刷有限公司
开　　本：670mm×950mm　　1/16
印　　张：10
字　　数：52千字
版　　次：2025年1月第1版
印　　次：2025年1月第1次印刷
书　　号：ISBN 978-7-5546-2506-4
定　　价：49.80元

　　说话，是人与人之间沟通的主要手段，也是一个人与外界交流的基本途径。

　　生活中，很多孩子因表达能力不足而不敢说话，在与人交际时也不知道该说什么或如何说，从而无法准确表达自己的观点或想法。会出现这种现象，问题就出现在"不会说"上。

　　对孩子来说，会说话不仅意味着能够清晰地表达自己的想法，更是社交能力、情商发展的重要体现。会说话的孩子，在学校里能更好地与老师、同学交流，积极参与课堂讨论，提升学习成绩；在家庭中能更好地与父母沟通，拉近亲子关系，营造和谐的氛围；在社交场合中能更好地结交新朋友，拓展人际关系，为未来打下基础。

　　一个特别会说话的孩子，不仅能在各种场合中表现得游刃有余，展现自己的魅力，赢得他人的尊重和喜爱，而且往往具备开放的心态、敏锐的洞察力和良好的情商。他们善于倾听他人的意见，尊重他人的感受，能够用温暖的语言安慰他人，用幽默的语言化解尴尬。这样的孩子，在成长道路上会走得更加稳健、自信。

　　本书从 5 个方面系统地梳理了 48 个真实的生活情境，涵盖了孩子在与人交流的过程中可能遇到的各种问题与现象。同时，本书还针对各种问题与现象提供了应对的说话技巧，并引导孩子思考该怎样表达，以及这样表达的好处。

　　由衷地希望每一位家长、每一个孩子都能重视和培养表达能力。同时，也希望每一个孩子都能从本书中汲取说话的智慧与力量，成为一个特别会说话的人，为自己的人生增添更多的色彩。

目 录
CONTENTS

第二章　遇到问题，老师那里有答案

第三章　会说话，才能交到更多好朋友

第四章　掌握沟通小技巧，让生活更简单

第五章　勇于表达自己，更要善于表达自己

如何跟爸爸妈妈说
"我爱你"

爸爸妈妈每天早出晚归，为这个家奉献了所有。我想向他们表达内心的感激和爱意，但话到嘴边，总是说不出来。

直截了当，真挚地表达感情。

"爸爸妈妈，我爱你们。"

表达感激，强调对父母的依赖和爱意。

"谢谢你们一直陪伴着我，我真的很爱你们。"

借助比喻，让爱意更加温馨、温暖。

"你们就像阳光，让我的生活明亮又温暖，我真的很爱你们。"

分享生活点滴，让父母感受到在你生活中的重要性。

"妈妈，多亏您每天为我做好吃又有营养的三餐，我才长得这么壮，我真是太爱您了！"

使用温馨的话语表达对父母的爱。

"妈妈，是您给了我生命，我会永远爱您"。

鼓足勇气，表达爱意

1. 你并非对父母没有爱意，也并非对他们的爱很少，而是不好意思直接表达出来。

2. 鼓起勇气，将心中的爱意坦诚地说出来时，你会发现这其实是一种非常美好的体验。

3. 向爸爸妈妈表达爱意，不仅能让你的内心得到释放，让他们感受到你的关心和爱意，还可以加深自己与父母之间的感情，让大家更加珍惜彼此。

4. 向父母表达爱意不仅会让父母感到幸福，也能提升表达者自身的幸福感。这种表达是一种情感的释放，能够让双方感受到内心的幸福和满足，让家庭更加温馨和睦。

告诉妈妈：
您做的饭特别好吃

妈妈为了家庭付出了很多，每天为我精心准备三餐，我想向妈妈表达自己的感激之情，却不知如何开口。

直接表达对妈妈厨艺的赞美。

"妈妈，您做的饭真是太好吃了！"

从情感与记忆关联的角度表达赞美。

"妈妈做的菜里有我成长的足迹，从土豆泥到红烧肉，都是我成长的见证。不管以后走到哪儿，心中最怀念妈妈做的家常菜，因为那是妈妈的味道。"

从菜品角度赞美。

"妈妈，您做的饭菜非常可口，每一片菜叶都散发着香气，吃起来鲜嫩爽口，就好像把整个春天都装进了盘子里。"

从对比他人角度赞美妈妈的厨艺。

"在我心中，没有人能比得上妈妈的厨艺。饭店的美食虽然花样繁多，但在我看来，那些都缺乏妈妈做的饭菜独有的味道。妈妈做的饭菜就像她的爱一样，无可替代。"

1

　　不要把父母的付出当作理所当然，他们的每一次付出都倾注了满满的爱意和宝贵的时间，比如妈妈用心烹制美味的饭菜。所以，我们不应该对父母的付出视而不见，应该好好珍惜。

2

　　要学会感恩父母，珍惜他们为家庭付出的一切；要懂得关心父母，尽自己所能去帮助他们，让他们感受到儿女对他们的关心和爱意。

3

　　在下次吃饭的时候，记得大声称赞妈妈的手艺，这不仅会让妈妈的心情变好，还会让爸爸妈妈觉得你长大了，能看见他们的辛苦付出。

犯了错，诚实地告诉爸爸妈妈

我把妈妈最喜欢的花瓶打碎了，妈妈一定会批评我的，我该怎么跟爸爸妈妈讲呢？

选择合适的时机。

"妈妈，我稍后有件事情要跟您说，您有时间吗？"

承认错误，清楚陈述，不隐瞒。

"爸爸妈妈，我今天做了一件不好的事情，我不小心把花瓶打碎了。"

承担责任，接受后果。

"我知道这是我不对，我愿意承担责任。"

表达忏悔和歉意。

"我很抱歉，我知道我做错了，我会记住教训，以后会更加小心。"

承诺改正，避免类似的错误发生。

"我会改正我的错误，以后会更加小心，不会再犯同样的错误。"

做一个有担当的人

1. 做错了事情，要诚实、勇敢地承认错误，并承担相应的责任，这是成长过程中不可或缺的一部分。

2. 只有将做过的错事诚实地告诉爸爸妈妈，爸爸妈妈才知道怎么去帮助你更好地改正。你自己也会在改正过程中逐渐明白担当和责任的意义。

3. 在爸爸妈妈的关爱和引导下，你不仅能够学会如何面对错误，还能培养自己的责任感和自律能力。

学校的趣事，记得跟爸爸妈妈分享

我今天参加了一场有趣的足球比赛，虽然我们这一队输了，但是我踢了一个漂亮的进球，全班同学都为我鼓掌欢呼。

选择适当的时间跟父母分享学校的趣事。

"妈妈，吃完饭，您有时间听我讲一件有趣的事情吗？

用兴奋、开心的语气分享趣事，让父母感同身受。

"今天我们在课堂上做了一个有趣的实验，我好开心！"

用生动的语言详细描述发生的趣事。

"我和同学们一起做了一个有趣的小游戏，我觉得特别有意思！游戏是这样的……"

分享自己的感受和体会。

"妈妈，这件事太有趣了，我好开心啊！"

耐心倾听父母的反馈和意见。

"我的趣事讲完了，妈妈，我会认真听您的意见的。"

多分享，了解彼此

1. 和父母分享学校里的趣事，能让他们感受你的喜怒哀乐，了解你的学习和社交情况。这样的交流能让爸爸妈妈更加了解你，为你提供更多的关爱和支持。

2. 爸爸妈妈渴望了解你的快乐和烦恼，希望与你共同度过每一个难忘的时刻。当你与他们分享学校里的趣事时，他们会为你的喜悦而喜悦。

3. 这样的交流能让你们之间的感情更加深厚，会使你们之间的关系更加紧密，让家庭氛围更加和谐，让你们更加珍惜彼此陪伴的时光。

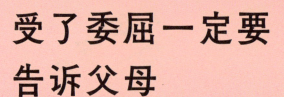

受了委屈一定要
告诉父母

我最好的朋友误会我了，我太难过了！

直接表达自己的感受，让父母知晓自己的心情。

"爸爸妈妈，我今天在学校遇到了不开心的事情。"

描述具体的情况，让父母了解发生了什么事情。

"爸爸妈妈，你们今天对我说话太严肃了，我觉得很委屈。"

分享自己的努力和付出，让父母明白自己的感受。

"我已经尽力做到了最好，可是老师还是批评我，我觉得很委屈。"

表达自己的感受以及希望得到父母的关心和支持的想法。

"今天发生了一件让我不开心的事情，我感觉有点儿不舒服，我想跟你们说一下，或许会好受点。"

表达委屈，释放压力

1. 每个人都会遇到各种各样的挫折和困扰，包括来自同学、老师或其他人的误解。

2. 当感到委屈时，你要及时跟对方沟通，让对方了解你的感受和情绪，然后大家心平气和地解决问题。

3. 千万别让小事变大事，那样不仅会影响你和他人的友谊，还会让你在以后的生活和学习中不知道如何与人交流。

4. 如果你受到委屈而不敢或不会表达，这些情绪会一直积压在心中，长此以往就会导致心理压力过大，影响身心健康。

5. 勇敢地表达委屈，有助于你释放内心的压力，减轻心理负担，维持健康的心理状态。

讲一讲你的梦想，
爸爸妈妈很爱听

我长大后，一定要成为一名勇敢的宇航员，去太空冒险。

表达对梦想的渴望。

"爸爸妈妈，我有一个特别特别想要实现的梦想！"

具体描述梦想。

"我想成为……（比如医生、科学家、艺术家等），因为我喜欢……（比如帮助别人、探索未知世界、创造美丽的艺术品等）"

分享实现梦想的计划。

"我希望能够……（比如去某个地方旅行、学习某种技能、参加某个比赛等），因为我觉得这样有助于实现我的梦想。"

表达实现梦想的决心和信心。

"我知道这个梦想可能会很难实现，但我会努力去追求，我相信我可以做到！"

表达对父母的依赖和信任。

"我希望你们能够支持我，陪伴我一起实现我的梦想。"

坚定地
追求梦想

爸爸妈妈是你人生中最亲密的人，他们陪伴你成长，关心你的喜怒哀乐。向爸爸妈妈分享自己的梦想，有助于你明确自己的人生目标。

2

爸爸妈妈的人生经验丰富，他们的观点有时能帮助你少走弯路，更快地实现梦想。所以，认真聆听爸爸妈妈的建议，你可以更好地审视自己的梦想，分析其中的可行性和实现路径。

当你勇敢地向爸爸妈妈分享自己的梦想时，他们不仅会给予你无私的爱和支持，给你力量，还能让你在追求梦想的道路上更加坚定。

学会主动道歉

我今天不小心撞到了同学，然后同学的眼镜掉在地上碎了，但我当时太害怕了，没有道歉就逃走了。我现在很后悔，但不知道怎么做。

直接表达歉意。

"爸爸妈妈，我做错了一件事情，我很抱歉。"

向对方表达歉意。

"我知道我的行为给你带来了困扰和不愉快，我深感抱歉。"

表示决心和诚意。

"我会尽力弥补我的过失，确保不会再犯同样的错误。"

自愿承担后果。

"我愿意接受相应的惩罚，承担我的责任。"

表达改正的决心。

"我会努力改正自己的错误，争取不再让你们失望。"

认识错误，承担责任

1. 道歉并不意味着低头认输，而是一个人在认识到自己的过错之后，愿意为之负责的行为，这是内心强大的表现。

2. 主动道歉可以消除误会，让双方互相了解；而那些总是坚持己见、不愿意承认错误的人，只会让矛盾变得更加严重。

3. 勇于承认错误并主动道歉，是一个人在成长过程中不可或缺的品质。这体现了个人的诚信、担当和自省能力。

让爸爸妈妈知道
你不开心

今天，学校举办了一场绘画比赛，我很用心地画了，却没有拿到名次，有点儿不开心。

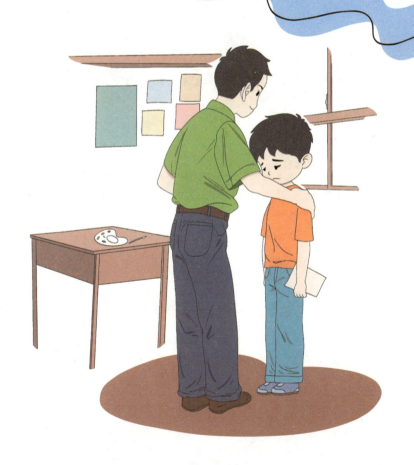

直接表达情绪。

"爸爸妈妈，我今天在学校遇到了一件不开心的事情。"

描述不开心的原因。

"我觉得很难过／委屈／伤心，因为……"

表达需求。

"我不知道该怎么办，希望你们能听我倾诉一下。"

表达对父母的依赖和信任。

"我今天真的很不开心，但我知道你们会一直在我身边支持我的。"

表达自己的期待，希望父母给予建议和支持。

"我不知道该怎么办了。我希望你们能和我一起想办法解决这个问题。"

1. 在成长的过程中，你会遇到各种各样的挑战和困扰，这些可能会让你感到不开心或沮丧。你如果能向父母勇敢地表达自己的情绪，就能够得到父母的关爱和支持，从而减轻心理负担，缓解负面情绪。

2. 与父母分享不开心的情绪，可以锻炼自己的情感表达能力，这对你锻炼社交能力和发展人际关系具有重要意义。

3. 让爸爸妈妈知道你不开心，能够让你更深入地了解自己的内心世界，认识自己的情绪和需求。同时，你也能够学会管理自己的情绪，并以积极的方式应对挑战和困扰。

接受道歉时要有回应

今天，我跟爸爸一起在公园里玩。在我跑的时候，爸爸不小心把我绊倒了，爸爸向我道了歉，我也原谅了爸爸。

表达宽容和理解。

"没关系，爸爸妈妈，我知道你们不是故意的。"

感激父母的诚意和勇气。

"谢谢你们的道歉，我很高兴。"

表达对父母的理解和支持。

"我知道你们不容易，我也会更加体谅你们的。"

表达对家庭的归属感。

"我们是一家人，不管发生什么，我们都要一起面对。"

表达自己的感受，同时也要表达对父母的爱意。

"我虽然有点伤心，但我们是一家人，我很爱你们，不管发生什么，我们都要互相理解。"

保持尊重与重视

1. 接受道歉是一种大度和理解他人的表现。合适的回应不仅能够化解两个人之间的矛盾，还能够加深双方之间的情感。

2. 面对他人的道歉时，应该保持冷静和理性，注重表达自己的感受和看法，给予一些正面的反馈，尊重对方的感受和意见。

3. 在回应道歉时，只有保持真诚、有同理心，才能让自己与他人更好地相处，让自己成为一个更有修养、更具包容心的人。

第二章

遇到问题，老师那里有答案

跟同学有矛盾了，如何向老师寻求帮助

我把书借给同学看，她却弄丢了，一点儿都不珍惜我的东西，我很生气，再也不想理她了。

表达示范

措辞恰当，在解释问题时，使用适当的措辞以表达对老师的尊重。

"老师，我想跟您反映一个情况，希望得到您的帮助。"

直接说明矛盾，并请求老师介入。

"老师，我和某某同学之间发生了一些不愉快的事情，我想请您来调解一下。"

强调自身感受而非指责同学，请求老师的帮助。

"老师，这件事让我很困惑，我不明白他为什么这么生气，我也不知道该怎么解决。我希望您能帮助我们沟通和解决问题。"

说明矛盾对自己造成的影响，并请求老师的协助。

"老师，我和某某同学的矛盾让我无法专心学习。所以，我想请您来帮助我们化解矛盾。"

表达自己的愿望，请求老师的帮助和建议。

"老师，我想请您给予一些建议和指导。我想和同学好好相处，不想因这个矛盾影响我们的学习和班级氛围。"

分析矛盾，给出建议

1

你的心理素质和沟通技巧可能相对较弱，自行处理矛盾可能会使问题变得更加复杂。所以，当你在校园里与同学产生矛盾时，第一时间寻求老师的帮助是最明智的选择。

2

老师具备丰富的教育经验，了解学生在面对矛盾时的心理状态，能够有针对性地给予指导。在处理问题时，老师也能够站在公正的立场上，确保解决问题。

3

老师能够迅速地判断矛盾的关键所在，并给出合理的建议，引导学生学会沟通和协商，提高他们的沟通技巧，使他们在今后的生活中能够更好地处理人际关系。

学习压力大，
记得跟老师讲

我已经很努力地去学新知识了，也花了很多时间复习，但做题的时候还是不会，怎么也解不出来。马上就要考试了，我该怎么办？

说明自己的压力来源，请求老师的指导和支持。

"老师，马上考试了，我很担心考不好，这种担忧让我压力很大。"

说明自己的压力和感受，请求老师的帮助和指导。

"老师，我最近感觉学习任务特别繁重，压力很大，能不能请您给我一些建议，帮助我应对学习上的困难？"

指出自己学习上薄弱的科目或者知识点，请求老师给予学习方法的指导。

"老师，我数学的几何部分一直学不好，感觉压力有些大。您能帮我找到一些解决方法吗？"

表达自己的困惑，请求老师的帮助。

"老师，我发现自己在学习上有些跟不上节奏。您能帮我分析一下原因，并给我一些建议吗？"

向老师寻求资源支持。

"老师，我想提高成绩，您能给我推荐一些学习辅导资料吗？

1. 适度的压力可以激发你的潜能，但压力过大就会影响你的身心健康，这时你就需要向老师寻求帮助了。因为他们有丰富的知识和经验，能够为你提供有效的建议和指导。

2. 当你感觉压力大时，要主动与老师沟通，让他们了解你的压力来源和感受。这种沟通可以是口头上的，也可以是书面的，关键是要把自己的想法和困惑真实地表达出来。

3. 在与老师沟通的过程中，你要诚实地把自己的想法和困惑毫无保留地告诉老师，让他们了解你的真实状况。这样，老师才能根据你的实际情况给出正确的建议。

学习中遇到的难题
问老师

我尝试了用各种方法解这道题，但一直无法得出正确答案。这道题究竟该怎么解才对啊？

直接表达自己的困惑，让老师知道自己在某某科目上需要帮助。

"老师，我在……（具体科目）上遇到了一道难题，您能给我一些建议吗？我对……（具体问题）不太明白。"

说明具体的问题，并请求老师给予指导和帮助。

"老师，您好。我在做……（具体某科作业）时遇到了困难，您能指导我一下吗？我不知道接下来该怎么做。"

表示自己尝试过解决问题，但仍然需要老师的指导。

"老师，我尝试过自己解决，但还是有点儿困惑，您能不能给我一些提示？"

表达自己的愿望和期待，请求老师耐心讲解。

"老师，我想更清楚地理解这道题，您能再给我讲解一下吗？"

清楚描述自己的问题，让老师更好地帮助你。

"老师，我对……（某个概念或问题）的理解有点儿模糊，您能再给我讲一下吗？"

在困惑中找到方向

1.面对难题，无论是学习上的还是日常生活中的，你常常会感到无助和困惑，不知道如何解决。在这种情况下，向老师请教就成了最直接、最有效的解决办法。因为老师的职责是"传道、授业、解惑"，让你在困惑中找到方向。

2.老师因具备专业知识，并在长期的教育实践中积累了丰富的经验、培养了敏锐的洞察力，所以他们能够准确地把握问题的本质，找出解决问题的切入点。你在遇到难题时向老师请教，不仅能获得解决问题的方法，还能学到解决问题的思路。

3.老师在解答问题时，还会结合实际案例，使你对知识有更深刻的理解。

如何提升学习效率，
向老师请教

我明明已经很努力了，却还是无法取得理想的成绩。我也按照同学教的学习方法做了，效果还是不理想。

主动沟通学习现状，向老师寻求建议。

"老师，我真的很努力地学习了，但成绩还是不理想。您能帮我分析一下吗？是不是我的学习方法有问题？或者您给我一些有效提高学习成绩的建议。"

针对不同学科，询问具体的学习方法。

"老师，我在某某学科上学得特别吃力，尽管我已经很努力了。您能帮我找出问题所在，告诉我该如何改进吗？我想在这方面取得进步。"

表达自己的学习困惑，向老师寻求帮助。

"老师，我已经付出了很多努力，但成绩并没有太大的提升。这让我感到很困惑。您能帮我解开这个谜团吗？"

表达自己想要进步的决心，向老师寻求帮助。

"老师，我想快速提高阅读理解和写作能力。我很愿意听取您的意见和建议，尝试新的学习方法。您能指导我吗？"

在沟通中提高学习效率

1. 只有勇于寻求帮助，勇于尝试和改进，你才能找到最适合自己的学习方法，从而取得优异的成绩。而老师，正是那个能指引你找到最适合自己的学习方法的人。

2. 通过与老师交流，你可以找到自己学习效率低下的原因，可能是学习方法不当、注意力不集中、缺乏学习动力等。针对这些问题，老师能够给出具体的建议和方法，帮助你调整学习方法，克服学习障碍。

3. 每个学生的学习特点和需求都是不同的，老师能够充分了解这一点，为你提供最适合的学习建议，并根据你的具体情况制订合适的学习计划，帮助你更加高效地学习，充分发挥自己的潜力。

如何合理安排
学习和休息时间

为了取得好成绩，我每天都刻苦学习，生活几乎被学习填满了，闲暇时间可以说是寥寥无几。这样的生活让我感到身心疲惫。

选择合适的询问时机，礼貌开场。

"老师，您现在方便吗？我在学习和休息的时间安排上有些困惑，想向您请教。"

直接提出自己的困惑，请求老师的帮助。

"老师，我发现自己在学习和休息之间总是找不到平衡。有时候我会为了完成作业而熬夜，但这样会影响第二天的学习。您能帮我制订一个合理的时间表，让我既能完成学习任务，又有足够的休息时间吗？"

询问休闲活动的选择。

"老师，您觉得哪些休闲活动既可以放松身心，又不影响学习呢？像看电视、玩游戏这些活动是不是需要完全避免？"

询问学习与休息时间如何平衡。

"老师，我最近发现自己没有很好地平衡学习和休息的时间，感觉很累，怎样确保自己休闲不会影响学习，又能真正放松呢？"

平衡学习和休息时间，保持最佳状态

1 年纪尚小的你其实很难平衡学习和休息的时间。所以，当无法平衡学习和休息的时间时，你一定要记得向老师请教。

2 老师有丰富的教育经验，了解不同年龄段学生学习和休息的需求。他们会根据孩子的个体差异，提供具体、实用的建议，帮助你制订适合自己的学习和休息的计划。

3 有时候，你可能过于沉迷于学习，忽视了休息；或者相反，过于放松自己，导致学习效率下降。老师可以引导你理解学习和休息之间的关系。只有合理安排学习和休息的时间，才能保持最佳的学习状态，提高学习效率。

4 老师还可以教给你一些实用的时间管理技巧，比如如何制订学习计划、如何设置学习目标、如何合理安排休息时间等。这些技巧可以帮助你更好地掌控自己的学习和生活。

请老师帮你设立
学习目标

我觉得学习很枯燥，所以无法专心地学习，常常在课堂上走神。虽然老师看到后会提醒我，但我还是控制不住自己。

礼貌开场，与老师交流时要保持尊重态度。

"老师，您好，打扰您了，我想请教一下关于学习目标设立的问题。"

关于目标方向，请求老师给出建议。

"老师，我发现自己没有一个明确的学习目标，导致自己很难集中精力去学习。您能帮我制订一个学习计划，或者告诉我如何找到适合自己的学习目标吗？"

表明自身现状与困惑，向老师寻得帮助。

"老师，我感觉我的语文成绩不太好，我想有所提高，但是我不知道怎么设定一个合适的目标，您能帮帮我吗？"

分析自身优势与不足，请求老师给予指导。

"老师，您能帮我分析一下我在语文学习方面，有哪些优势可以继续发扬，又有哪些不足需要改进吗？我想设立一个语文学习目标，您能给我一些建议或指导吗？"

1. 或许你经常对学习感到迷茫，不知道自己应该朝着什么方向努力，也可能会觉得学习任务太繁重，无从下手。你若不懂得如何树立学习目标，就要学会向老师请教。

2. 老师可以根据你的实际情况和潜力，为你量身定制合适的学习目标。这些目标既具有挑战性，又实际可行，能够激发你的学习热情，促使你不断进步。

3. 老师可以教给你一些制定学习目标的技巧和方法。比如，根据自己的兴趣和需求来设定目标，将大目标分解成小目标，调整目标以适应自己的学习进度，等等。这些技巧和方法可以帮助你更好地规划自己的学习，提高学习效率。

如何将兴趣与
学习结合起来

我最喜欢科学课。每次老师讲解各种科学原理，我都会提出一些有趣的问题。我发现如果能够将兴趣与学习结合起来，学习就会变得更加有趣和有意义。

选择合适时机，礼貌表达。

"老师，我想和您聊聊关于我学习和兴趣结合的事，您现在方便吗？"

直接表达自己感兴趣的领域，请求老师指导。

"老师，我一直对某某领域（比如科学、艺术、编程等）特别感兴趣。您能给我一些建议，告诉我如何将兴趣融入学习，或者如何平衡我的兴趣和学习吗？"

表达兴趣为学习带来的帮助，向老师寻求建议和指导。

"老师，我发现当我对某个话题感兴趣时，我能学习得更快、更深入。我想知道，有没有一些方法可以利用我的兴趣来提高学习效率。"

表达学习困惑，请求老师帮助。

"老师，我知道学习本身是很有趣的，但我有时觉得学习很枯燥。您能教我一些方法，帮助我在学习的过程中发现乐趣吗？"

兴趣是学习的强大动力

1. 当你对某个主题或活动感兴趣时，你会全身心地投入其中，愿意花费更多的时间和精力去探索和学习。然而，你可能不知道如何将兴趣与学习相结合，或者无法找到学习的乐趣。这时，向老师请教就显得尤为重要。

2. 老师了解不同年龄段学生的兴趣点和兴趣发展规律，能通过观察和交流，帮助你发现自己的潜在兴趣，从而引导你将兴趣与学习相结合。

3. 老师可以根据你的兴趣和学习需求，推荐相关的学习资源和活动，或者设计有趣的学习任务，让你在探索和学习中体验到乐趣和成就感。

树立自信心，
需要老师搭梯子

我对这些活动都不感兴趣，也没有天赋。可是，妈妈总是让我尝试，但是我真的不行啊！我害怕挑战，害怕失败，甚至害怕与人交往。

诚恳地表达想法，有礼貌地提出诉求。

"老师，我觉得自己在学习和生活中没有信心，总是害怕做不好。您能告诉我该怎么办吗？我想学习如何提高自己的信心，更好地面对挑战。"

描述自身情况，向老师寻求帮助。

"老师，我在课堂上总是不敢举手回答问题，因为害怕回答错了被同学笑话。我知道这样不好，但我不知道该怎么改变。您能帮我吗？"

表达对老师的信任。

"老师，我知道您在教学方面经验丰富，所以我想请教您，我该怎么做才能提升自信心。您能给我一些具体的建议吗？"

表达期望得到的帮助。

"老师，我希望您能在课堂上多给我一些鼓励，哪怕我回答得不完全正确。或者您给我一些具体的建议，像如何提升英语听力。这样我能在学习上取得进步，就会慢慢建立起自信了。"

激发内在动力和信心

1 老师是你在学校学习过程中的重要支持者和指导者，他们不仅教授知识，还会关注你的日常生活和成长过程。

2 当你在学习中遇到困难或挑战时，老师可以提供指导和鼓励，帮助你克服障碍并建立信心。

3 老师可以通过观察、交流，找到你的优点和潜力，并在教学中加以培养和利用。这有助于激发你的内在动力和信心，让你更加自信地面对学习和生活中的各种挑战。

4 老师可以通过组织各种活动，比如课堂讨论、小组合作、课外实践等，让你在实践中展现自己的才能和能力，并从中获得积极的反馈和认可，从而增强你的自信心。

不懂如何承担责任，
去请教老师

每次犯错，我总是下意识地选择逃避，不想承认错误，也不想道歉。后来，同学对我的态度越来越冷淡。我感到孤单和失落，但不知道该如何解决。

表达示范

选择合适时机，诚恳表达来意。

"老师，我最近犯了错，但我不清楚该怎么去承担责任，希望得到您的指教。"

详细说明犯错情况，向老师寻求帮助。

"老师，我在小组作业中没有完成自己的那部分任务，导致整个小组的进度受到了影响。我应该如何道歉，如何弥补过错，或者如何避免再犯同样的错误？"

诚恳表达自己的困惑，渴望得到老师帮助。

"老师，我发现自己犯错后总是选择逃避，这让我感到很困扰。您能给我一些建议或方法，让我能够勇敢地面对错误，承担责任吗？"

表达自己的期望，向老师寻求帮助。

"老师，我想学习如何承担责任，做一个有责任心、有担当的人。您能不能给我一些建议？我相信在您的帮助下，我可以逐渐学会承担责任。"

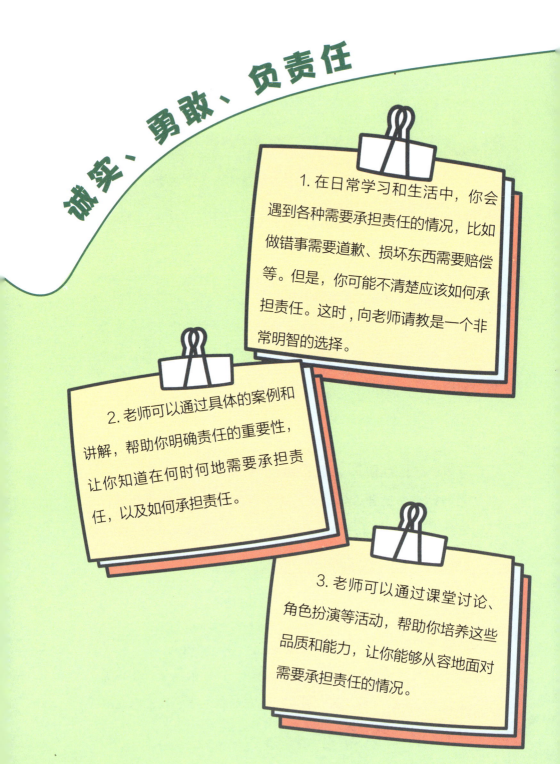

诚实、勇敢、负责任

1. 在日常学习和生活中，你会遇到各种需要承担责任的情况，比如做错事需要道歉、损坏东西需要赔偿等。但是，你可能不清楚应该如何承担责任。这时，向老师请教是一个非常明智的选择。

2. 老师可以通过具体的案例和讲解，帮助你明确责任的重要性，让你知道在何时何地需要承担责任，以及如何承担责任。

3. 老师可以通过课堂讨论、角色扮演等活动，帮助你培养这些品质和能力，让你能够从容地面对需要承担责任的情况。

第三章

会说话，才能交到更多好朋友

自信而有趣地介绍自己，引起对方兴趣

马上就到新的学校学习了，可我比较内向，不知道怎么介绍自己才能让同学们更快地记住我、了解我，跟我做朋友。

自我介绍

简洁地介绍自己。

"大家好，我是陈文。我喜欢画画和读故事书，我也很喜欢和朋友们一起玩耍。希望我能和大家成为好朋友！"

展示特长或爱好。

"嗨，我是陈文。我最喜欢跳舞和唱歌，有机会可以给大家展示一下。"

表达对同学的期待。

"大家好，我叫陈文。我很高兴能和大家一起上课、玩耍。希望我们可以成为好朋友，一起快乐地度过每一天！"

鼓励同学参与。

"大家好，我是陈文。我很喜欢做手工，如果你们也喜欢，我们以后可以一起做，分享彼此的创意！"

提升社交能力，培养表达能力

1. 了解自己，找出自己的独特之处，要时刻铭记自己的优点和长处。

2. 用生动的语言和有趣的例子真诚地展现这些特点，让同学们感受到你的魅力，赢得他人的尊重和认可。

3. 学会自信而有趣地介绍自己，不仅能提升社交能力，还能培养语言表达能力。当你敢于展示自己，用有趣的方式介绍自己时，你不仅能在学习、生活中结交到更多的朋友，还能在各种场合中展现自己的风采！

掌握友好的问候语和礼貌用语，为良好的交流奠定基础

昊昊想踢足球，可他不跟我打招呼就直接来抢我的足球，真是太没有礼貌了。

友好问候。

"老师，下午好！""好久不见！你最近过得怎么样？"

请求帮助。

"请问，可以打扰一下吗？我有道题不太明白，能请你给我解释一下吗？"

表达感谢。

"谢谢你借给我橡皮，你真是一个乐于助人的人！"

表达歉意。

"对不起，我不小心把你的书弄掉了。真的很抱歉！我给你捡起来了。"

礼貌告别。

"今天和你聊天很开心，希望下次还能和你一起玩。我要回家了，再见！"

1. 掌握友好的问候语和礼貌用语对建立和谐的人际关系至关重要。学习和运用这些基本的沟通用语，不仅能让你在学校和生活中更加自如地与他人交流，还能培养积极向上的生活态度。

2. 掌握友好的问候语和礼貌用语有助于培养社交技巧和情商。通过不断地与他人进行积极的互动和沟通，你能够学会如何更好地理解他人、关心他人，并在人际交往中展现出自己的魅力和风采。

3. 在与他人意见不合或发生冲突时，礼貌的沟通方式有助于缓解冲突与矛盾，帮助双方找到解决问题的方法。

与同学相处，如何表达自己的想法和感受

课堂上，同学们纷纷举手发表自己的观点，我既羡慕又焦虑。其实，我心里也有很多想法，可我不敢举手。

当想要分享一个有趣的想法时。

"我刚刚想到一个好玩的活动，我们可以组织一次跳绳比赛，大家一起玩一定很开心！"

当对某个话题有不同看法时。

"我觉得这个问题其实可以从另一个角度思考。比如，如果我们换一个方式来解决，可能会得到更好的结果。"

当感到开心或兴奋时。

"今天我在课堂上得到了老师的表扬，我真的好开心！我觉得自己在学习上又进步了一点。"

当感到难过或失落时。

"最近我因为考试没考好，感到有点儿失落。但我相信只要努力，下次一定能取得好成绩。"

当想要向朋友表达感激时。

"谢谢你上次借给我那支笔，让我及时完成了作业。"

诚实表达，有效沟通

1 表达自己的想法，能让你更好地与他人沟通，增强互动，有助于建立更紧密的人际关系。

2 学会表达感受有助于建立情感意识，让你更了解自己的内心世界。同时，它可以帮助你认识和管理自己的情绪，从而更好地应对生活中的挑战和困难。

3 表达自己的想法和感受有助于培养你的自信心和自尊心。这有助于你在学校、家庭和社会中更好地发挥自己的潜力。

4 学会表达自己的想法和感受是培养批判性思维的重要一环，它不仅有助于你学会思考，还能让你学会分析和评估信息，从而做出明智的决策。

讨论喜欢的事物，
寻找共同话题

我对他们谈论的话题了解得不多，很难加入他们。我渴望能够融入同学们，与他们建立更好的关系，但是我真的不知道该怎么做。

谈论喜欢的书。

"我最近看了《小王子》，故事中小王子和狐狸的友情让我很感动。你有什么特别喜欢的书可以推荐给我吗？"

分享喜欢的电影或动画片。

"我最近看了一部超级好看的动画片。你喜欢看电影或动画片吗？有没有什么好看的推荐给我呀？"

谈论喜欢的运动或游戏。

"我特别喜欢和朋友们一起打篮球。你呢？有没有什么喜欢的运动或游戏？"

分享喜欢的食物。

"你手里的巧克力看起来真好吃啊！我也超喜欢吃甜食，特别是巧克力蛋糕和棉花糖。下次我们可以一起分享。"

谈论喜欢的玩具或收藏品。

"我有一个超级酷的变形金刚，它可以变成好多种形态！你呢？有没有什么特别喜欢的玩具？"

1.每个人都有自己独特的兴趣和爱好，分享这些喜好，可以帮你快速与他人建立起沟通的桥梁，并传达自己的想法和感受。这种自我表达有助于建立自信，增强沟通能力。

2.当你发现自己跟他人有共同的兴趣或话题时，你们会感到更加亲近和愉快。这种共鸣可以激发你们更多的交流欲望，从而建立起深厚的友谊。

3.通过谈论喜欢的事物，寻找共同话题来加深彼此的了解，拉近彼此的距离，这样不仅有助于培养社交技巧，还能促进情感发展和人格塑造。

与人发生矛盾，如何交流不被误解

我跟朋友发生了一些矛盾，可能是我的语气过于强硬或措辞不够明确，导致他误解了我的真实意思，但是我又不知道怎么解释。这让我感到有些沮丧。

尊重对方的观点，即使不同意对方的观点，也不要贬低或者轻视对方。

"我很理解你的想法，不过我也有我的考量，我们可以冷静地交流。"

认真聆听，给予对方充分表达的机会，不要中途打断。

"你慢慢说，我一直在听呢！"

换位思考，理解对方的处境和需求。

"我知道你这么安排是为了让更多同学参与，我也有个想法，可以让活动更完美，你要不要听一下？"

提出建设性解决方案。

"我们可以制订一个值日表，这样大家都能明确自己的责任，也能保持宿舍干净，你觉得怎么样？"

会说话的艺术

1. 用恰当的语气和措辞与人交流，可以让你更有效地传达自己的想法和情感，增强与他人的沟通和理解。这种能力不仅有助于建立和维护良好的人际关系，还能提升你的自信心和表达能力。

2. 当你在与他人交流时，不恰当的措辞或语气很容易引发误解，甚至导致不必要的冲突。如果你学会使用恰当的语气和措辞，你就可以更好地表达自己的想法，减少误解，从而避免不必要的冲突。

3. 面对问题和挑战时，恰当的交流方式可以帮你快速、准确地找到问题的核心，从而找到解决办法。

4. 在团队合作时，良好的沟通能够确保信息的准确传递，减少误解和重复工作，从而提高效率。

与同学分享有趣的瞬间，
快速融入集体

　　课间休息时，同学们都在分享彼此的趣事，但我总是觉得自己的趣事讲出来不够有趣，如果大家不笑就太尴尬了。所以，一直无法融入集体。

选择合适的内容，符合集体氛围。

"今天，老师让我们算一道超级难的题目，全班都愁眉苦脸的。突然，不知道谁打了一个饱嗝，那一刻全班同学都笑了起来！"

描述课间的趣事。

"课间休息的时候，一只蝴蝶突然飞了过来，我和同桌追得满头大汗，最后蝴蝶还是悠然自得地飞走了。"

用幽默夸张的语言，增添趣味。

"昨天体育课跑步，老师说我跑得比蜗牛还慢！"

分享生活点滴，引起朋友共鸣。

"昨天晚上，我跟爸爸妈妈一起看了一档综艺节目（节目名称）。我们三个人笑得肚子都疼了。你们看过那档节目吗？"

打破尴尬，释放压力

1. 和同学谈论那些有趣的经历，不仅有助于打破你们初次见面的尴尬，还有助于你们释放内心的压力，以更饱满的热情投入到学习中去。

2. 生活中的有趣瞬间需要仔细观察才能被发现，这个过程有助于培养你的观察能力；在向他人描述这些经历时，你的表达能力也会得到锻炼和提升。

3. 在你分享自己的故事后，其他同学也会纷纷讲述自己的经历。这种互动不仅增进了彼此的了解，还可以让你们在交流中建立深厚的友谊。

谈论学习经验，共同解决学习难题

同学们在一起认真讨论问题，我很想融入他们，与他们一起解决学习上的问题，但我总是觉得自己的话语不够有力，无法引起同学们的注意。我尝试过多次，但每次都以失败告终，这让我感到十分沮丧。

分享自己的学习小窍门。

"我发现了一个学习的小窍门，每次做数学题前，我都会先复习一下相关的知识点，这样解题时思路就更清晰了。"

请教同学，解决难题。

"我在学习这篇课文时遇到了一道难题，不太理解这个句子的意思。你能帮我解释一下吗？"

分享自己的阅读体验。

"我最近读了一本很有趣的书，从中学到了很多新知识。你们也可以找一些好书来读，相信对你们的学习会有很大帮助。"

讨论学习方法和习惯。

"我觉得养成良好的学习习惯对提高学习成绩很重要。你们有什么好的学习方法或习惯吗？我们可以一起交流一下。"

鼓励同学坚持学习。

"在学习的过程中，我们总会遇到一些困难，但我们只要坚持下去，就一定能克服。"

拓宽视野，汲取智慧

1

　　每个人都有自己独特的学习方法和心得，当这些汇聚在一起时，就形成了一个丰富多样的知识库。所以，你可以通过与同学互相分享学习经验，拓宽自己的视野，汲取他人的智慧。

2

　　面对难题时，你可以与同学相互讨论、共同思考，这种互动的过程不仅能够激发每个人的创造力，还能让你们学会倾听他人的意见，尊重不同的观点。

3

　　学会和同学谈论学习经验，共同解决学习难题，这不仅是一个知识传递的过程，更是一个智慧火花碰撞和融合的过程。

如何倾听他人的
意见和感受

我总是急着表达自己的想法和意见，不倾听他人的意见，同学都不喜欢跟我玩了，我感到很苦恼。我该怎么改正自己的缺点呢？

表达对他人意见的尊重。

"我很认真地在听你说话，你的想法很有意思，我会好好考虑的。"

询问对方的感受以表示关心。

"看你有点儿不开心，是发生什么事情了吗？可以跟我说说吗？"

确认对方的意思。

"你的意思是……（自己的理解），对吗？我想确认一下，以免我理解错了。"

避免打断对方，耐心倾听。

"请你先说完，我会认真听的。等你说完了，我们再一起讨论。"

感谢对方的分享和倾听。

"谢谢你愿意跟我说这些，我很感激。你的话让我有了新的思考，也让我感受到了你的关心。"

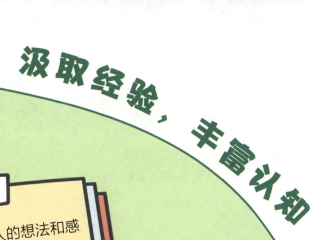

1. 当你愿意倾听他人的想法和感受时，你传递出的信息是尊重和关心。这种积极的互动方式，可以让你赢得同学们的信任和友谊。

2. 通过认真聆听他人的感受和观点，你可以更好地理解他人的处境和心情，进而培养同理心，这有助于你在学校中与同学和谐相处，并在未来的生活中更好地理解和帮助他人。

3. 当你认真地倾听他人的意见和感受时，你可以从中汲取知识和经验，拓宽自己的视野，丰富自己的认知。这不仅可以提高你的学习成绩，还可以培养你的批判性思维和创新能力。

分享成长故事，激发共鸣和理解

我不想将自己的故事公之于众，因为我害怕自己的故事不够精彩，害怕被同学们忽视或嘲笑，也担心自己的内心世界被他人窥探。

表达示范

分享一个有趣的成长经历。

"我小时候因为怕黑而不敢一个人睡觉。后来，妈妈给我买了一个小夜灯，每晚它都陪着我入睡。"

谈论一次克服困难的过程。

"有一次，我参加跳绳比赛，刚开始训练的时候总是跳不好。但是我没有放弃，每天都坚持练习，最后取得了不错的成绩。"

分享一个与朋友合作的故事。

"有一次，我和好朋友一起完成了手工作业。虽然过程中有些小摩擦，但最后我们成功完成了作品。"

讲一个学习上进步的故事。

"以前，我的数学成绩很差。但是，通过不断地练习和请教老师，我慢慢找到了学习的方法，成绩也有所提高。"

表达对他人的理解和共鸣。

"我注意到你最近似乎有些不开心，是遇到什么困难了吗？如果愿意的话，你可以跟我说说。"

1. 每个人都有属于自己的独特的人生轨迹和成长故事，其中充满了欢笑、泪水、挑战和成就。

2. 当你愿意敞开心扉，分享自己的成长经历时，你不仅展现了真实的自我，也传递了对友谊的渴望和对朋友的信任。

3. 倾听他人的故事，可以让你感受到同龄人的喜怒哀乐，进而培养出共情能力，让你学会关心和支持他人。

4. 在一次次相互分享成长经历的过程中，你可以学会倾听、理解和尊重他人，同时也能从他人的故事中汲取智慧和力量。

在困难时互相支持，建立真挚而坚固的友谊

我这次考试没考好，平时玩得特别好的朋友都嘲笑我笨。我真的很难过。但昊昊及时给予我支持和鼓励，让我非常感动，更加珍惜这份友情。

表达支持与鼓励。

"别担心，我相信你一定能克服这个困难的。我会一直陪在你身边、支持你，我们一起加油！"

分享经验与建议。

"我也遇到过类似的困难，当时我……（具体做法），或许你也可以试试看。"

倾听与理解。

"我感觉你现在很烦恼，能跟我说说具体是怎么回事吗？我会认真倾听的，希望能为你分担一些。"

共同解决问题。

"我们一起想想办法，看看怎么能更好地解决这个问题。团结就是力量，相信我们一定能够找到答案的。"

庆祝成功。

"你这次考试取得了不小的进步，真是太棒了！我们一起来庆祝一下吧！这也是你努力的结果。"

1. 遇到困难时，你们分享彼此的喜怒哀乐，互相理解，有助于减轻压力和焦虑，帮助对方以更好的心态面对困难。这种友谊不仅为你们提供了情感上的支持，还成为你们成长道路上的宝贵财富。

2. 在面对困难时，你们可以从彼此身上汲取力量和勇气，相互鼓励，共同前进。这种友谊会让你们学会如何面对困难，以及如何与他人相处。

3. 朋友之间相互支持，不仅是你们面对困难时的重要力量，也是你们学习不同生活技能和解决问题的方法的重要途径，这对你们的成长至关重要。

如何提出建议和意见，避免争吵

我和同队的一名队员发生争执，我们两人都很生气，谁也不理谁。我该如何提出建议才能避免争吵，更好地化解矛盾呢？

以礼貌的方式开始。

"我想跟你提个建议，你觉得这样可以吗？"

说明理由和目的。

"我觉得这样做可能会更好，因为……（具体的理由），这样我们就可以……（明确的目的）。"

用"我觉得"代替"你应该"。

"我觉得我们可以尝试另一种方法，或许这样会更有效。"

询问对方的看法。

"这是我个人的想法，你觉得怎么样？你有什么好的建议吗？"

强调合作和共同目标。

"我们都在为了同一个目标努力，如果我们能一起合作，我相信会更好的。"

避免攻击性语言

1

每个人都有自己的观点和想法，你应该学会倾听他人的意见，理解他们的立场。

2

在表达自己的想法时，要用温和的语气和礼貌的措辞，避免使用攻击性的语言，这样就能避免引发争吵。

3

学习如何提出建议和意见，这不仅能帮助你解决问题，还能帮助你建立良好的人际关系，从而避免不必要的争吵，交到更多真诚的朋友。

第四章

掌握沟通小技巧，让生活更简单

这样问路，别人
更愿意帮助你

周末，和同学约好去他家玩，可我不确定走的路线是否正确，询问别人又担心被拒绝，真是不知道怎么办才好。

礼貌开场。

"您好，打扰一下，请问您可以帮我指一下路吗？"

明确目的地。

"我想去某某小学，请问应该怎么走呢？"

表达感谢。

"谢谢您的帮助，我会按照您说的路线走的。"

询问细节。

"请问这个路口我应该往左转还是往右转呢？"

确认与总结。

"所以我是先直走，然后在这个路口右转，对吗？"

恰当、礼貌地问路

1. 以礼貌的方式去问路，不仅是对他人的尊重，也是展现自己良好家教和修养的一种方式。

2. 只有清晰、准确地表达自己的需求，才能得到准确的指引。因此，你需要提前思考好要问的问题，确保自己能够用简洁明了的语言描述清楚自己的需求。

3. 问路时，你可能会遇到一些困难或尴尬的情况，但你只要有足够的勇气和自信去沟通，就一定能够克服困难，得到他人的帮助。

4. 得到他人的帮助是一种幸运，也是一种人情，要展现自己的诚意和感激之情。

掌握这些小技巧，让你的演讲更受欢迎

我觉得演讲真是太难了！我也不知道该怎么准备，多亏同桌跟我分享了演讲经验。

互动提问，拉近距离。

"同学们，你们有没有遇到过这样的问题呢？请举手告诉我！"

多用生动的比喻。

"就像我们常吃的青苹果，外皮虽然是绿的，但果肉香甜可口。今天我要讲的故事也是这样，看似简单，但里面蕴含着深刻的道理。"

分享个人经历，产生共鸣。

"我记得有一次，我也遇到了这样的困难，但我是这么做的（克服困难的具体方法）。"

结尾总结，留下深刻印象。

"今天的故事就讲到这里，希望大家能够记住这个小故事，它告诉我们一个很重要的道理。"

为演讲增添吸引力

1. 一个引人入胜的开头是吸引听众注意力的关键。

2. 你可以适时地提出问题、邀请听众参与讨论，以及分享自己的经历和感受，与听众建立情感上的联系。

3. 你可以运用生动的比喻、简洁的语言来解释复杂的概念，并且巧妙地组织内容，使听众清晰地理解并轻松记住。

4. 演讲时的语速和语气也很重要，因为不同的语气表达的情感和观点是不同的。

5. 一个精彩的结尾能够给听众留下深刻的印象，你应该强调核心观点，并用简洁明了的语言总结演讲内容。

如何应答演讲时观众的提问

今天要进行演讲比赛了，我真是太紧张了，因为我不知道该怎么应答观众的提问，害怕回答不上来，让场面变得尴尬。

演讲比赛

回答知道答案的问题。

"谢谢你的问题，这个问题我刚好知道答案。其实，关于这个点，我认为……（具体的回答）。希望这个答案能让你满意。"

对不知道答案的问题的思考。

"这个问题很有趣，我还没想过呢。给我一点时间思考一下……"

对超出范围的问题的引导。

"这个问题其实超出了我今天演讲的范围，但我可以告诉你一些相关的书和网站，你可以自己去查找更详细的资料。"

简化复杂的问题。

"这个问题其实挺复杂的，但我可以尽量用简单的语言来解释。简单来说，就是……（简化的回答）。这样你明白了吗？"

邀请听众深入地讨论问题。

"你的问题很有深度，我们可以私下交流或者组织一个小型讨论会来讨论。"

保持冷静和自信

1.你要提醒自己不要慌张，相信自己能够回答好问题，并提前在心里预演几种可能的情况，以便在实际演讲中能够自如地应对。

2.观众提问是出于对演讲内容的兴趣或疑惑。因此，你需要认真倾听问题，理解观众的意图和关注点，并学会用自己的话复述问题，以确保理解准确，然后再根据问题的内容和难度给出合适的答案。

3.为了妥善应对观众的提问，你必须做好充分的准备。这不仅能帮助你提升演讲技巧，更能培养你的思考能力和应变能力，为未来的学习和生活奠定坚实的基础。

有困难，记得找警察叔叔

我在路边捡到了一只小狗，小狗好可怜，而且狗主人一定很着急。我得找警察叔叔帮忙。

迷路时。

"警察叔叔，我迷路了，您可以帮我找到回家的路吗？"

发现危险情况时。

"警察叔叔，我看到那边有人在打架，您能过去看看吗？"

丢失物品时。

"警察叔叔，我不小心把书包弄丢了，里面有我的课本和文具，您可以帮我找回来吗？"

遇到陌生人搭讪时。

"警察叔叔，这个陌生人一直跟着我，还问我一些奇怪的问题，我有点儿害怕。"

警察叔叔是社会的守护者

1

　　当你遇到困难时，警察叔叔能够提供及时、有效的帮助，确保你的安全。无论是迷路、遇到坏人，还是其他紧急情况，警察叔叔都能够迅速介入，解决问题，保护你的权益。

2

　　在面对危险和困难时，你要及时向警察叔叔求助，这种自我保护意识和能力的培养对你来说是非常重要的，能够帮助你在成长的过程中更好地应对各种困难。

3

　　在寻求帮助时，要使用礼貌用语和正确的表达方式，这不仅能够展现你的教养和素质，还能营造一个积极且相互尊重的沟通氛围，有助于警察叔叔更好地理解你的需求，从而提供有效的帮助。

如何帮助别人叫救护车

一位老奶奶晕倒了，幸好老师在安全教育课上讲过遇到紧急情况时应该拨打急救电话。

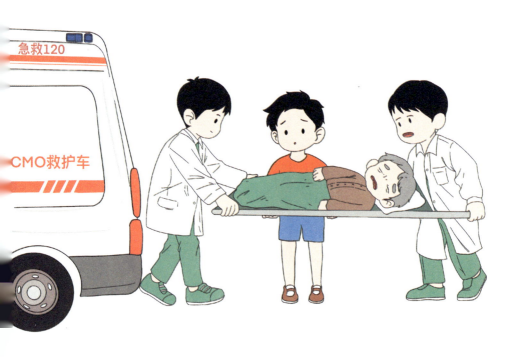

发现紧急情况。

"喂，这里是人民公园，有人突然晕倒了，需要救护车，请尽快派车过来！"

提供详细信息。

"病人是一位老人，看起来很难受，我不知道具体怎么了，你们快来看看吧！"

保持冷静，指引路线。

"这里是某某大街和某某巷的交叉口，旁边有个超市，你们到了可以问我怎么走。"

等待救护车，维持现场秩序。

"我已经叫救护车了，你们不要围观，保持空气流通，给病人一些空间。"

配合救护人员工作。

"救护车来了，我来告诉你们病人在哪里。"

学会正确呼叫救护车

1. 如果懂得如何正确呼叫救护车，你就能够在第一时间启动紧急救援流程，为伤者争取到宝贵的救治时间。

2. 懂得如何帮别人叫救护车，有助于提升你的安全意识和自我保护能力，而且在面对紧急情况时，能让你迅速做出反应，采取正确的行动。

3. 当看到他人受伤或生病时，你能够主动伸出援手，为他人提供帮助，这有助于培养你的社会责任感和同情心。

4. 通过学习和掌握正确呼叫救护车这项技能，你能够在日后的学习和生活中更好地应对各种紧急情况，提高应对突发事件的能力。

报警时，把事情讲清楚

老奶奶的包被偷了，我该不该给警察叔叔打电话呢？打通后，我又该怎么和警察叔叔说呢？

描述事件发生地点。

"警察叔叔，我在某某公园，一位老奶奶的包被偷了。"

简述事件经过。

"老奶奶将包放在长椅上，一不留神就被偷了，包里有老奶奶的重要物件。"

说明现场状况。

"现在老奶奶情绪激动，围观的人很多。"

保持通信畅通。

"我会在这里等你们，如果有什么新的情况，我会立刻告诉你们。"

1. 如果你能将事件的地点、经过、涉及人员的特征、现场状况等信息清晰地传达给警方，那么警方就能更快地到达事发地点，判断事态的严重程度，并及时采取相应的措施。这不仅可以减少警方的响应时间，还能提高处理事件的效率，从而更好地保护现场人员的安全。

2. 能够把事情讲清楚，也说明了你具备较好的逻辑思维能力和表达能力。这些能力在紧急情况下尤为重要，因为它们能帮助你快速分析情况，并准确地向外界传递信息。

3. 通过不断地锻炼和实践，你的这些能力还能得到提升，从而在日常生活中更好地与他人沟通和交流。

身体不舒服，
跟医生说清楚

我的嗓子好痛啊，而且总是咳嗽，胸口也很疼。我要怎么和医生描述我的感觉呢？

表达示范

描述疼痛部位。

"医生，我肚子疼，是这里，就是肚脐周围。"

描述疼痛感觉。

"我感觉像针扎一样疼，一阵一阵的。"

告知持续时间。

"这种疼痛已经持续两天了，昨天晚上疼得特别厉害。"

提及伴随症状。

"除了肚子疼，我还有点儿恶心，想吐。"

说明个人情况。

"我最近没有吃什么特别的东西，也没有受过伤。"

医生需要通过病人的描述来了解病情，从而制定合适的治疗方案。如果你因为害怕或紧张而无法准确描述自己的症状，可能会导致医生做出错误的诊断。所以，学会如何跟医生说清楚哪里不舒服，对确保诊断的准确性来说非常重要。

通过与医生的交流，你可以学会如何表达自己的感受和需求，这对你日后的人际交往和沟通能力的发展具有重要意义。同时，面对医生时的勇敢和坦诚也有助于培养你的自信心和独立性。

当小志愿者时，如何询问才能快速理解别人的困难

志愿者会遇到各种各样的人，面对各种各样的问题，如何与人沟通，快速了解对方的困难尤为重要。一次，我去李奶奶家，她将我领到卫生间，我看到地上有水，便赶快用抹布擦干，免得李奶奶滑倒。

耐心倾听，感同身受。

"阿姨，您先别着急，我会认真听您说的话，然后尽力帮您解决问题。"

确认问题，确保理解。

"叔叔，您的意思是这个东西不会用，对吗？那我再确认一下，您是想要我帮您操作吗？"

表达理解，给予安慰。

"奶奶，我知道您现在可能感觉很困惑，不过请您放心，我会尽力帮助您解决这个问题的。"

站在对方的角度思考。

"如果我是您的话，可能也会觉得这件事情有点儿麻烦。所以，我会尽量用简单易懂的方式给您解释的。"

解决问题，及时反馈。

"我已经帮您查看了，这个问题已经解决了。如果还有其他问题，请随时告诉我。"

1. 当面对需要帮助的人时，只有准确理解对方的问题和困扰，你才能找到正确的解决方案，提供有针对性的帮助。你如果没有理解清楚问题，可能会导致提供的帮助偏离实际需求，甚至可能产生误解和带来麻烦。

2. 在志愿服务的过程中，你与需要帮助的人之间的沟通很重要。在倾听和理解对方的问题时，你要展现出关心和尊重，从而与对方建立起信任的关系，这样不仅可以使志愿服务更加顺畅，还能让你学会如何与他人建立和谐的人际关系，提升自己的沟通能力。

第五章

勇于表达自己，
更要善于
表达自己

面对别人的否定，
不要着急回击

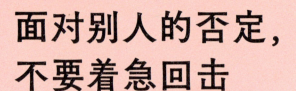

公园里，一个男孩突然跑过来说我的风筝不好看。我真的很生气，但我还是忍住没有回击他，而是表达自己的想法。

保持冷静，理解对方。

"我明白你可能有不同的看法，我会先考虑一下，然后再回应你。"

以提问的方式了解对方的观点。

"你能告诉我为什么你这么想吗？我想了解一下你的看法。"

表达自己的观点时注重事实。

"这是我根据事实得出的结论，如果你有其他的观点，我们可以一起讨论。"

强调共同点和合作。

"其实我们在某些方面还是有共同点的，我们可以一起努力找到更好的解决方案。"

保持礼貌和尊重。

"我尊重你的看法，但我也有我的观点。我们可以互相尊重，友好地讨论。"

保持冷静，接受否定

1. 面对他人的否定时，学会保持冷静，不急于回应，给自己和对方留下思考和表达的空间，帮助大家更好地控制自己的情绪，避免情绪化的行为。

2. 通过倾听对方的观点，理解对方的意图，你可以更好地把握沟通的节奏和方式，避免误解和冲突。同时，你也能够展现出自己的成熟和理智，赢得他人的尊重和信任。

3. 接受他人的否定，以开放和包容的心态面对不同的意见和看法，有助于培养你的自信心和韧性，使你在面对困难和挑战时能够保持冷静和乐观，积极应对。

有人夸奖你时，
不要只说"谢谢"

昨天邻居阿姨夸我"很懂事"，但我只会说"谢谢"，不知道该如何多表达一些。

表达感谢并谦虚回应。

"谢谢你的夸奖，但我觉得自己还有很多需要学习的地方，我会继续努力的。"

回应夸奖并分享喜悦。

"我真的很高兴听到你这么说，谢谢你的认可。我也觉得自己在这方面做得还不错，我们一起加油吧！"

回应夸奖并提及他人的帮助。

"谢谢你的夸奖，但我觉得这离不开老师和同学们的帮助和支持。没有大家的鼓励，我也不会做得这么好。"

回应夸奖并提出共同进步。

"谢谢你的夸奖，但我觉得我们都可以做得更好。我们可以一起交流学习，共同进步。"

回应夸奖并展示自信。

"谢谢你的夸奖，我确实在这方面付出了很多努力。我相信只要努力，就能取得好成绩。"

用有深度的话回应夸奖

1

用更具体、更深入的话语表达自己的感受，比如提到他人的帮助或自己仍需努力的地方，这会展现出一种谦逊的态度，不仅有助于你更好地认识自己，还能让你在与他人的交往中更受欢迎。

2

当你用更丰富、更有深度的话语来回应夸奖时，你的语言表达能力会得到锻炼和提升。同时，通过与他人进行更深入的交流，你还能学会倾听和理解他人的观点，从而提高自己的沟通技巧。

3

当你用恰当的方式回应夸奖时，你会感到自己的努力和成就得到了他人的认可和赞赏，有助于增强自信心和自尊心，并激发学习动力和积极性，促进自身全面发展。

用小例子佐证
自己的观点

这次的作文好难写啊！我一点儿头绪都没有。但是老师告诉我，可以用亲身经历的小故事佐证自己的观点。

选择合适的例子，与观点紧密相关。

"我有个同学，他的学习基础并不好，但他每天都坚持背单词、做习题，遇到难题也不放弃，还经常向老师和同学请教。经过一年多的努力，他如愿考上了心仪的中学，这就说明只要努力，就能够取得成功。"

选择具有代表性的例子。

"爸爸每天都会制订详细的时间表，把工作、休息和家庭都安排得很好。他从不拖延，而是按照计划进行，既能高效完成工作，又有时间陪伴家人，这就体现了良好的时间管理对提高效率的重要性。"

在讲述例子过程中自然引出观点。

"我所在的社团要举办一场大型活动，活动筹备过程中，同学们有的布置场地，有的进行活动宣传，负责后勤的同学保障物资供应，大家各司其职，互相配合。在这个过程中，我深刻体会到团队合作的力量。"

用例子佐证观点更有力

1. 小例子通常具有生动性和趣味性，能够吸引听众的注意力，使我们的观点更易于被理解和接受。

2. 例子往往具有直观性，能够直接地展示观点在实际应用中的效果或产生的深远影响，从而增强观点的说服力。

3. 在挑选和讲述例子的过程中，你需要思考例子与观点之间的逻辑关系，确保例子能够恰当地支持自己的观点。这种思考过程有助于提升你的逻辑思维能力。

4. 通过不断练习使用例子来佐证自己的观点，你可以逐渐掌握论证的方法和技巧，提高自己的论证能力。

在表达自己的观点之前，
要考虑对方的想法

昊昊无论每次说什么事情，总是一味地说自己的，从来不理会我提出的任何问题或想法。我真的很生气！

以对方受益为出发点。

"你要多运动，身体才会健康，精力也会更充沛，这样学习才会更有效率，整个人也会更有活力。"

表达理解对方的立场。

"我知道你这么做是有你的考虑，可能是基于……（阐述对方的想法），但是我觉得从另一个角度看，……（引出自己的观点）"

避免直接否定。

"我能理解你这样想，不过我还有一种不同的想法，你可以听听看……（温和地说出自己的观点）"

以询问的方式表达。

"我在想，如果我们换一种方式，像这样……（说出自己的观点）你觉得会不会更好呢？"

理解对方意图，避免矛盾冲突

1. 在沟通中，你如果急于表达自己的观点，而没有充分理解对方的意图，很容易产生误解和冲突。只有先听清对方的话语，你才可以确保自己准确理解对方的意思，从而避免不必要的争执和冲突。

2. 你愿意先听清对方的话语，实际上就是在向对方传达一个信息：我尊重你的意见和想法。这种尊重不仅有助于建立良好的人际关系，还能让你赢得他人的信任和友谊。

3. 在课堂上，当老师讲解新知识时，你如果能够认真倾听，就能更好地掌握和理解这些内容。同样，在与同学交流时，倾听也能让你从对方的观点中获得新的启示和思考。

4. 通过倾听他人的话语，你可以更好地理解他人的情感和需求，从而更加关心和体贴他人。这对你的情感发展和社交技能的提升都非常重要。

允许他人的想法跟自己的不一样

有时候，我的观点跟昊昊的不一样，这时我们就会为自己的观点争论不休，谁也没有办法说服谁，最后不欢而散。

表达理解。

"我明白你的想法和我的不同，每个人都有自己独特的看法，这是很正常的。"

寻求共同点。

"虽然我们的想法有些不同，但我觉得我们也有一些共同之处，比如我们都关心这个问题，只是角度不同而已。"

以提问的方式表示理解。

"你可以再跟我分享一下你为什么会有这样的想法吗？我想更深入地了解一下。"

尊重多样性。

"每个人都有很多不同的想法和观点，我觉得这正是世界的魅力所在。我很尊重你的想法，即使它和我的不同。"

鼓励表达。

"我很高兴你能和我分享你的想法，即使它和我的不同。我觉得每个人都有权利表达自己的观点，这也是我们交流的意义所在。"

学会宽容，尊重他人

1. 允许他人的想法与自己的不同，是培养宽容心态和尊重他人的重要基础。你如果学会尊重并接纳与自己不同的观点，不仅能够赢得他人的友谊和尊重，还有助于建立良好的人际关系，增进彼此的理解和信任。

2. 允许他人的想法与自己的不同，有助于开阔你的视野和丰富你的思维方式。每个人都有自己独特的思考方式和观点，通过接触和了解不同的想法，你可以培养更加全面且深刻的认知能力。这样的思维方式能够帮助你在学习和生活中更加灵活地应对各种问题和挑战。

学会换位思考，别人更容易接受你说的话

我想堆一个火箭，但婷婷想堆一座城堡，我们谁也不愿意让步。婷婷决定不再跟我玩了，转身要走，我该如何说才能挽回这段友谊？

考虑对方的感受。

"我知道你可能觉得这样不太好，但如果从另一个角度想，我们是不是可以一起找到更好的解决办法呢？"

站在对方的立场。

"你如果能站在我的立场考虑一下，也许就能理解我为什么这么说了。"

提出共同目标。

"我们都是为了让事情朝好的方向发展，对吧？我们如果能换位思考一下，也许就能找到更好的方法实现这个目标了。"

理解对方的难处。

"我明白你可能有些难处，但我们如果能一起想办法克服，是不是就能让事情朝好的方向发展呢？"

用积极的方式表达。

"我们如果换个角度来看待这个问题，也许就能发现一些新的可能性。"

1

通过换位思考，你能够更好地理解他人的感受和需求，从而避免冲突和误解，增进彼此之间的理解和信任。这种能力有助于你在成长过程中建立稳固的人际关系网络，为未来的社交活动奠定良好的沟通基础。

2

当你能够站在他人的角度思考问题时，你更能用对方易于接受的方式表达自己的观点和想法。这种表达方式不仅能减少沟通中的障碍和摩擦，还能促进有效的沟通，进而更好地解决问题、达成共识，并在学习和生活中取得更好的成果。

3

学会换位思考还有助于培养你的同理心和共情能力，能够让你更好地体会他人的喜怒哀乐，从而培养宽容、善良的品质。

用"正面话语"批评别人

琳琳被一名男同学撞倒了，我大声叫住男生，但突然不知道该如何说才能既提醒他小心，又不伤害他的自尊心。

用比较的方式暗示不足。

"你上一篇作文逻辑特别清晰，读起来很流畅，这篇作文如果也能像那篇一样，在逻辑上再优化一下就更好了。"

以假设的形式指出问题。

"如果你和同学交流的时候，能再耐心一点，就像你开始的时候那样充满热情和耐心，我想你一定会收获更多好朋友。"

分享经验，提供解决方案。

"我之前也遇到过类似的情况，后来我是这样处理的……（解决方案），也许你可以试试。"

鼓励改进式。

"我相信你有能力做得更好，加油哟！"

避免直接冲突

1. 用正面话语指出别人的问题，能够激发对方的积极性和自信心，使其更愿意接受批评并努力改进。

2. 学会用积极、正面的方式表达批评，可以避免直接冲突，伤害对方的感情。

3. 正面话语能够传达出你对对方的尊重和理解，从而营造更加和谐、友好的交流氛围。

4. 学会用正面话语批评别人也是情商发展的重要体现。这有助于你在未来的学习和生活中更好地应对各种沟通时的挑战和困难。

不要吝啬你的赞美

我将自己画的画分享给琳琳看，琳琳很喜欢我的画，还夸我的画好看。我真的很开心。

直接赞美。

"你做得真好，我真的很佩服你！"

细节赞美。

"你的画里这几种颜色搭配得特别漂亮，看起来很有创意。"

比较赞美。

"你比上次进步了很多，真的看得出来你很努力。"

赞美加期待。

"你这次表现得很棒，我相信你下次会做得更好！"

转述赞美。

"我听老师说，你在课堂上表现得很积极，大家都夸你呢！"

1. 赞美有助于培养一个人的积极心态。当得到赞美时，你会感到快乐和满足，这种积极的情绪会促使你更加努力地学习和表现，能够让你在未来的生活中更加乐观、向上。

2. 赞美能促进你和同学、朋友之间的友好关系。当你赞美同学或朋友时，表达的是对他们的尊重和欣赏，这有助于拉近彼此的距离，增进友谊。

3. 每个人都渴望被认可，当我们不吝惜赞美时，能让他人感受到自身的价值。具体、真诚的赞美能够使他人发掘自身的无限潜能。所以，赞美能对他人产生积极的影响。

让别人把话说完，
是对他人的尊重

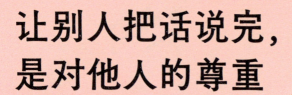

　　昊昊总是喜欢打断我说话，打断我说话后他就自顾自地做自己的事去了。这让我很不舒服，感觉自己没有被尊重。我该不该提醒他呢？

直接但有礼貌地提醒。

"当你和别人交谈时，请先让对方把话说完，这样可以让交流更顺畅！"

提醒朋友换位思考。

"想象一下：如果你正在讲述一件对你很重要的事，而别人不断地打断你，你会是什么感受？我们都不希望这样的事发生在自己身上，所以我们也应该避免这样做，你觉得呢？"

提供替代行为。

"当你有话要说时，可以尝试用'抱歉，我能插句话吗'这样的方式表达，这样既能表达你的观点，又尊重了他人。"

强调倾听的重要性。

"倾听不仅是尊重他人的表现，也是自我学习和成长的机会，我们都要尝试多倾听他人的观点，不随意打断他人讲话。"

耐心倾听，尊重他人

1. 让别人把话说完是尊重他人的表现。每个人都有自己的思想和观点，当别人在发言时，给予他们充分的表达空间，是对他们的尊重。这对于建立和维护健康的人际关系很重要。

2. 让别人把话说完，还有助于增进理解和沟通。当别人在说话时，你有耐心地倾听，能够更全面地了解他们的想法和需求，从而避免误解和冲突。

3. 每个人都有自己擅长的领域。耐心倾听他人说话，可以帮助我们学习新知识，拓宽视野，促进个人的成长和发展。

不要把情绪带到话语中

公园里，我和琳琳在玩捉迷藏。她找了很久都找不到我，就有些急躁和生气。我说她爱生气，以后不和她玩了。我们就这样不欢而散了。我知道自己说话有情绪，可我该怎么改变呢？

客观描述事实，让对话建立在理性基础上。

"做这件事的时候，我没有考虑到其他人的利益，这件事的结果是让大家受到了损失。"

避免使用带有强烈感情色彩的词语。

"这个方案的确存在一些问题，需要进一步改进。"

保持和平的语调。

"这件事这样处理有点儿不合适，我们还是再商量下吧。"

不用"你应该""你必须"这类带有指责性的句式。

"如果能早一点到的话，我们的活动可能会安排得更圆满。"

控制情绪，保持冷静

1

当情绪激动时，人们往往容易说出冲动或伤害他人的话语，这不仅会破坏沟通的氛围，还可能导致误解和冲突。

2

学会控制情绪，用平和、理智的语气表达自己的想法和需求，不仅能够更有效地与他人进行交流，而且可以增进彼此的理解和信任。不把情绪带到话语中，是具有情绪管理能力的重要体现。

3

特别是在社交场合中，情绪化的言辞往往会让别人感到不舒服，从而影响与他人的互动和友谊。

4

学会控制情绪是每个人成长过程中的一项重要能力，它能够帮助大家更好地应对挫折、压力和冲突。在跟他人交流时，你只有妥善处理自己的情绪，才能更好地展现出自己优秀的表达能力。